지은이 엠마뉴엘 케시르-르프티

프랑스 파리에서 태어났으며, 소르본 대학교에서 문학을 공부했어요. 지금은 프랑스의 여러 출판사에서 어린이를 위한 교양서를 펴내고 있답니다. 분야와 시대를 뛰어넘어 재미있고 유익한 어린이 책을 만들고 싶다고 해요. 우리나라에 소개된 책으로는 '푸른숲 어린이 백과' 시리즈가 있어요.

그린이 프랑수아 다니엘·안느 드샹부르시

프랑스에서 태어났어요. 부부 사이인 두 사람은 많은 어린이 책에 함께 그림을 그리고 있지요. 또, 어린이와 청소년을 위한 책뿐만 아니라, 만화와 뉴스에도 멋진 삽화를 그리고 있답니다. 우리나라에 소개된 책으로는 '푸른숲 어린이 백과' 시리즈가 있어요.

옮긴이 김현희

한국외국어대학교에서 프랑스어와 영어를 공부했어요. 지금은 외국의 좋은 책을 쉽고 정확하게 우리말로 옮기는 일을 하고 있답니다. 옮긴 책으로 '푸른숲 어린이 백과' 시리즈를 비롯해, 《아무도 몰랐던 동물들의 별난 오줌 생활》, 《언니들의 세계사》, 《모험 아틀라스》, 《지도와 그림으로 보는 참 쉬운 세계사》 등이 있어요.

 푸른숲 생각 나무 16

바쁘다, 바빠! 소방관 24시

첫판 1쇄 펴낸날 2020년 5월 28일 | 3쇄 펴낸날 2021년 10월 15일 | **지은이** 엠마뉴엘 케시르-르프티 | **그린이** 프랑수아 다니엘·안느 드샹부르시 | **옮긴이** 김현희 | **발행인** 김혜경 | **편집인** 김수진 | **주니어 본부장** 박창희 | **편집** 길유진 진원지 강정윤 | **디자인** 전윤정 정진희 | **마케팅** 이상민 강이서 | **경영지원국** 안정숙 | **회계** 임옥희 양여진 김주연 | **인쇄** 영신사 | **제본** 에이치아이문화사 | **펴낸곳** (주)도서출판 푸른숲 | **출판등록** 2003년 12월 17일 제2003-000032호 | **주소** 경기도 파주시 심학산로 10, 우편번호 10881 | **전화** 031)955-9010 | **팩스** 031)955-9009 | **홈페이지** www.prunsoop.co.kr | **이메일** psoopjr@prunsoop.co.kr | ⓒ푸른숲주니어, 2020 | ISBN 979-11-5675-266-0 (74300) 979-11-5675-030-7 (세트)

잘못된 책은 구입하신 서점에서 바꾸어 드립니다. 본서의 반품 기한은 2026년 10월 15일까지입니다.
KC 마크는 이 제품이 공통안전기준에 적합하였음을 의미합니다. 던지거나 떨어뜨려 다치지 않도록 주의하세요.

Pour les enfants : Les Pompiers
Copyright © Fleurus Éditions, 2017
Conception : Jacques Beaumont
Text by Emmanuelle Lepetit
Images by François Daniel, Anne de Chambourcy
All right reserved.

Korean Translation Copyright © 2020 by Prunsoop Publishing Co., Ltd., Korea.
This Korea edition was published by arrangement with Fleurus Éditions, France through Propons Agency, Korea.

이 책의 한국어판 저작권은 프로폰스 에이전시를 통해 Fleurus Éditions와 독점 계약한 (주)도서출판 푸른숲에 있습니다.
저작권법에 의하여 한국 내에서 보호를 받는 저작물이므로 무단 전재와 복제를 금합니다.

바쁘다, 바빠! 소방관 24시

엠마뉴엘 케시르-르프티 글 ○ 프랑수아 다니엘·안느 드샹부르시 그림 ○ 김현희 옮김

푸른숲주니어

소방관이 없던 시절에는…

옛날에는 불이 나면 순식간에 확 번졌어요.
건물이 대부분 불에 잘 타는 짚과 나무로 지어졌거든요.
게다가 다닥다닥 붙어 있어서 불이 더 빠르게 옮겨붙었어요.
그 시절엔 불이 나면 어떻게 했냐고요?
종을 치거나 소리를 크게 질러 온 마을에 알렸답니다.
그땐 경보 시스템이 없었으니까요.

그때는 소방관이 따로 없었어요. 불이 나면 마을 사람들이 모두 나서서 힘을 합쳐야 했지요. 양동이로 물을 퍼 나르고, 사다리나 밧줄을 타고 건물에 올라가 그 안에 갇힌 사람들을 구해 냈답니다.

불길이 마을 전체로 번지는 것을 막기 위해 집을 부수기도 했어요.

저기, 집을 왜 부수는 거야?

저 안에 사람들이 갇혀 있어!

나무로 지은 집이라서 불이 금방 번지나 봐.

시간이 흐르면서 사람들은 화재 진압 도구를 하나씩 개발하기 시작했어요. 먼저 양동이보다 물을 많이 담을 수 있는 '펌프식 간이 물총'이 만들어졌지요.

그다음에는 수동 펌프가 달린 '이동식 물통'이 등장했고요. 이런 도구들은 거침없이 타오르는 불길을 잡는 데 꽤 큰 도움이 되었답니다. 다만 이동식 수동 펌프는 무겁기도 하고 펌프질을 하는 힘센 사람이 따로 필요했어요. 그래서 사용하기가 생각만큼 편하지는 않았지요.

나중에는 힘을 덜 들이면서 빠르게 움직일 수 있도록 펌프를 수레에 실은 '소방 수레'가 만들어졌어요. 처음에는 사람이 수레를 끌었지만, 말이 그 일을 대신하면서 훨씬 더 편리해졌지요.

건물이 점점 높아지자 더 강력한 소방펌프가 필요해졌어요. 불이 났을 때 물줄기를 더 높이, 더 세게 쏘아 올려야 했거든요. 그래서 증기의 힘으로 물줄기를 쏘는 증기 펌프와 소방 수레에 모터를 단 소방차가 발명되었답니다. 길가의 소화전에서 물을 끌어다가 뿌릴 수 있게 되어서 그 전보다 많이 수월해졌지요.

머니 머니 해도 안전이 최고!

소방관은 불을 끄는 것 말고도
하는 일이 엄청 많아요.
위급 상황에서 시민들이 스스로 안전을
지키고, 간단히 응급 처치를 할 수 있도록
교육하는 것도 주요 업무 중 하나예요.
그러면 다 함께 소방관이 하는 일을
하나하나 알아볼까요?

소방 훈련은 반드시 소방관과 함께!

나도 다른 사람의 목숨을 구하는 일을 하고 싶어!

누구든 소방관이 될 수 있어요?

그런데 환자를 왜 옆으로 눕히는 거예요?

의식이 없을 때 똑바로 누우면 기도가 막혀서 숨 쉬기가 어려울 수 있거든.

소방관이 하는 일이 궁금하다고요? 그렇다면 소방서에 연락해 봐요. 소방서에서는 소방관이 하는 일이나 화재 현장에 대해 궁금해하는 어린이들을 위해 유치원과 학교로 직접 찾아가는 '어린이 소방 체험'을 실시하고 있어요. 또, 해마다 3월과 4월 사이에 모집하는 '한국 119 소년단'에 참여해 다양한 활동을 직접 체험해 볼 수도 있답니다.

한국 119 소년단은 어려서부터 안전에 대한 의식과 습관을 길러 건전하고 건강한 어린이로 자라게 하는 걸 목표로 삼아요. 각종 재난 안전 체험과 구조대 시범 참관을 마친 후, 어린이 소방관 증명서를 받지요.

혹시 지금 소방관을 꿈꾸고 있나요? 우리나라에서는 만 18세가 되면 1년에 한 번씩 실시되는 소방 공무원 시험을 볼 수 있어요. 필기 시험과 체력 테스트, 면접을 통과해야 하지요.

나라마다 국민의 안전을 책임지는 소방관들이 있지요? 그런데 조금 특별한 소방관들도 있어요. 우리나라와 미국, 프랑스에는 '의용 소방대'라는 자원봉사 소방관이 따로 있거든요.

참, 칠레에는 전문 소방관이 없다고 해요. 오로지 자원봉사자들로만 소방대가 꾸려져 있다지요? 그래서 직장에서 일을 하다가도 불이 났다는 신고 전화를 받으면 곧장 달려간다고 해요.

바쁘다, 바빠! 소방관의 하루

소방서는 소방관들이 훈련을 하고, 각종 장비와 소방차를 정비하는 곳이에요. 또, 출동 명령이 떨어질 때까지 대기하는 곳이기도 하지요. 자, 다 같이 소방서 곳곳을 구경하면서 소방관의 하루를 살펴볼까요?

정말 들어가도 되는 거야?

미리 견학 신청을 해서 괜찮아!

소방차가 엄청 많네요?

언제든 출동할 수 있도록 늘 대기 중이란다.

자, 지도에서 소방서를 한번 찾아볼까요? 생각보다 우리 집에서 아주 가까운 데 있지요? 소방서는 대개 사람들이 많이 살고, 또 넓은 도로가 있는 도시 한복판에다 짓거든요. 그래야 사고가 났을 때 현장으로 빨리 출동할 수 있으니까요.

그렇다고 소방서에 함부로 들어가서는 안 돼요. 바쁘게 일하고 있는 소방관들에게 방해가 될 수도 있잖아요!

이곳은 체력 단련실이에요. 소방관들에게 근력과 지구력을 기르기 위한 운동은 필수랍니다!

위험한 화재 현장에서 불길에 맞서 싸우고 사람들의 생명을 구해 내려면 무엇보다 체력이 좋아야 하니까요.

자욱한 연기 속에서 빠르고 효율적으로 움직이기 위해 몸을 낮추어 이동하는 포복 훈련도 수시로 해야 해요.

쉬는 시간에는 주로 텔레비전을 보거나 동료와 게임을 해요. 소방관에게 스트레스를 해소하는 일은 아주아주 중요하답니다.

이렇게 연습하면 나도 길을 잘 찾게 될까?

컴퓨터를 활용한 훈련도 있어요. 온라인 지도를 켜 놓고서 위치 찾기 훈련을 하는 거예요. 이렇게 여러 번 반복하다 보면, 관할 구역의 지리를 빠삭하게 익힐 수밖에 없어요. 신고 전화를 받으면 어디든 잽싸게 출동할 수 있답니다.

소방 장비를 정리하고 손질하는 일은 시간이 날 때마다 틈틈이 하고 있어요. 또, 장비를 직접 작동해 보면서 연습도 하지요. 그래야 현장에 출동했을 때 상황을 재빨리 파악해서 시행착오가 생기지 않도록 할 수 있거든요. 빠른 시간 내에 가장 알맞은 대처 방법을 찾아낼 수도 있고요.

소방관은 24시간 빈틈없이 시민들의 안전을 지켜야 하기 때문에 교대 근무를 해요. 야간에 일하게 되는 당직 소방관들은 대개 숙소에서 휴식을 취해요. 하지만 쉬다가도 출동 명령이 떨어지면, 장비와 출동복을 챙겨서 곧장 달려 나가지요!

따르르릉, 출동이다!

따르릉따르릉! 화재 신고가 접수되었어요.
소방서에 출동 사이렌과 안내 방송이 울려 퍼지고,
대기 중이던 소방관들은 곧장 출동 준비를 해요.
신고 접수 후 5분, 늦어도 7분 안에는
화재 현장에 도착해야 한답니다!

화재나 재난 등 위급한 상황과 맞닥뜨렸을 때 긴급 신고 전화번호는 나라마다 달라요. 우리나라와 일본, 중국은 119지만 미국은 911, 프랑스는 18, 영국은 999예요.

출동 명령이 떨어지자마자 소방관들이 총알처럼 빠르게 움직여요. 2층에 있던 대원들은 계단 대신 기다란 미끄럼봉을 타고 내려오지요. 봉은 차고로 곧장 연결되어 있기 때문에 이동 시간을 훨씬 절약할 수 있답니다.

소방관들이 대기 중인 소방차에 차례로 올라타요. 소방차는 일분일초라도 빠르게 출발하기 위해 항상 도로 쪽으로 세워 두어요.

화재는 초기에 불길을 잡는 것이 중요해요. 시간을 단축하기 위해 출동하는 차 안에서 옷을 갈아입기도 한답니다.

애앵애앵! 애앵애앵!

주변의 시민들에게 긴급 상황임을 알리기 위해 경광등과 사이렌을 켜고 부리나케 달려가요.

비슷해 보여도 서로 다른 소방차

사이렌을 켠 소방차가 줄지어 출동하고 있어요.
보통은 '소방차'라고 통틀어 부르지만,
소방차의 종류는 아주 다양하답니다.
장소와 상황에 따라 알맞은 차가 출동하지요.

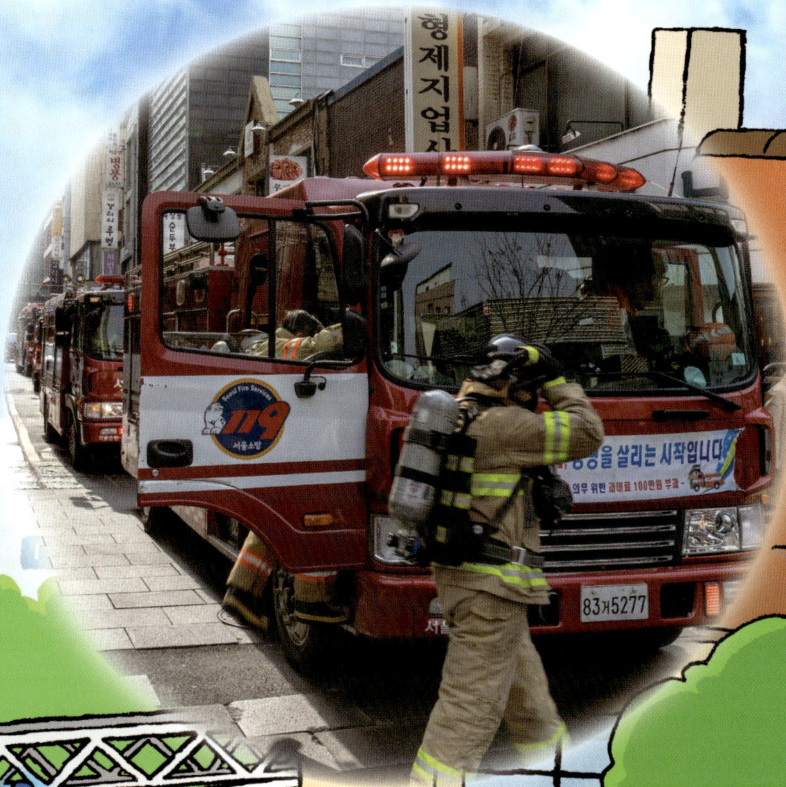
형제지업사
119
83거5277

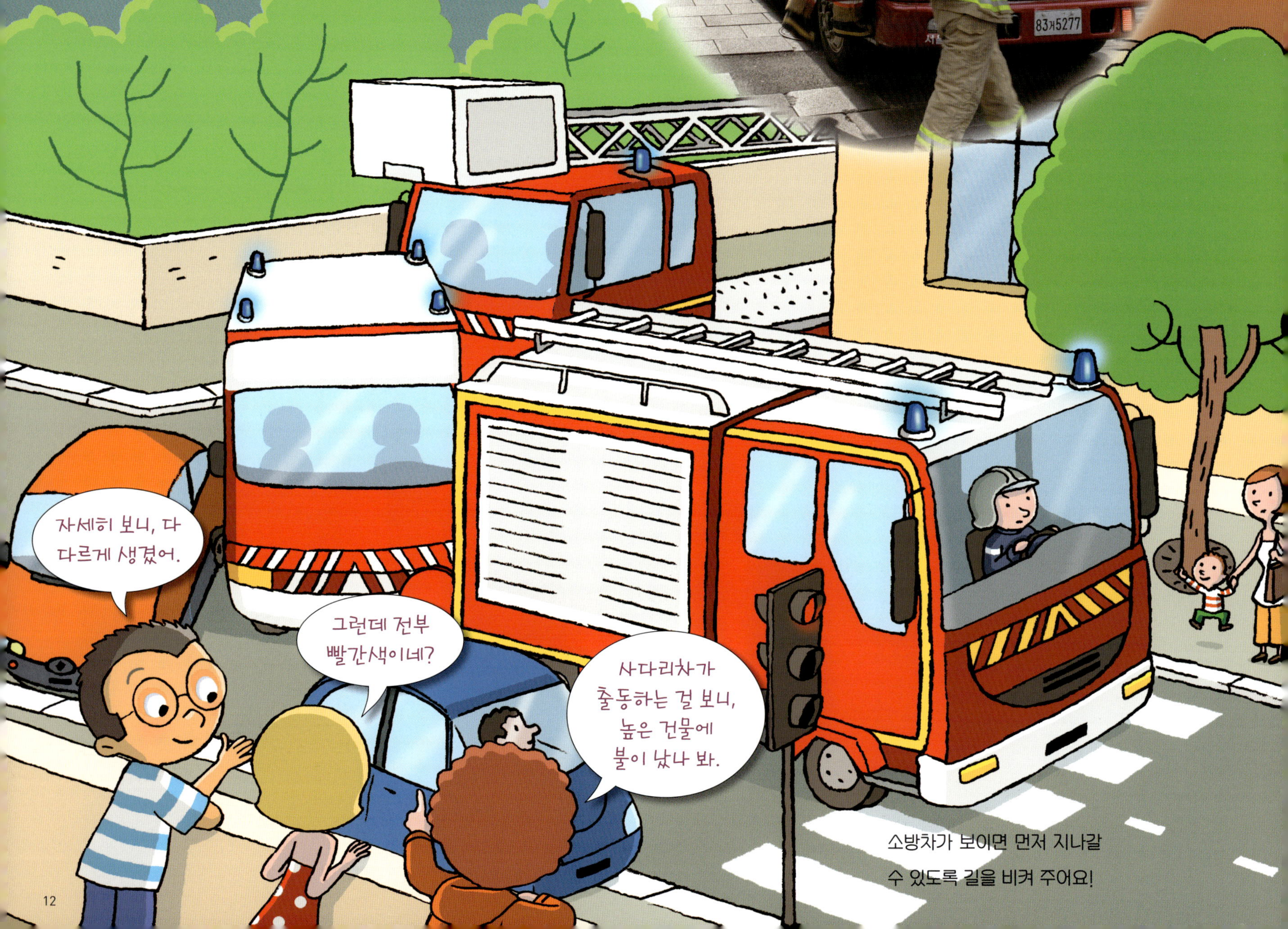
자세히 보니, 다 다르게 생겼어.
그런데 전부 빨간색이네?
사다리차가 출동하는 걸 보니, 높은 건물에 불이 났나 봐.

소방차가 보이면 먼저 지나갈 수 있도록 길을 비켜 주어요!

"장난감 소방차랑 똑같이 생겼네!"

소방차는 왜 빨간색일까요? 일단 눈에 잘 띄어야 하기도 하지만, 빨간색이 갖고 있는 '위험'과 '경보'의 이미지 때문이기도 해요.

경광등 · 조명등 · 장비 수납고 · 소방 호스 · 소방펌프

불이 났을 때 가장 앞서 달려가는 것은 지휘차예요. 맨 앞에서 뒤따르는 소방차들을 출동지까지 안내하지요. 그 뒤를 구조차, 펌프차, 탱크차, 구급차 순으로 쫓아가요. 펌프차에는 물탱크와 펌프, 소방 호스 같은 화재 진압 도구가 실려 있어요. 그래서 화재 현장에 도착하는 대로 곧장 불을 끄지요.

"수납고 안에는 뭐가 들어 있을까?"

소방차 수납고에는 불을 끄는 데 필요한 각종 장비(방수총, 소방 호스, 소화기, 압력 물탱크 등)와 사람을 구하는 데 쓰는 물품(산소마스크, 구급상자 등)이 가득 들어 있어요. 돌돌 말린 소방 호스를 펴서 쭉 늘어놓으면 200미터나 된답니다.

펌프차에 담을 수 있는 물은 탱크의 크기에 따라 달라요. 약 1천~4천 리터 정도 된다나요? 이걸로 부족할 땐 주변의 소화전에서 물을 끌어와야 해요.

13

소방차 대열의 가장 끝에는 늘 구급차가 있어요. 현장에서 구조한 환자들에게 응급 처치를 한 뒤 병원으로 옮기는 일을 하지요. 차 뒤쪽에는 환자가 누울 수 있는 이동식 침대와 각종 응급 치료 장비가 실려 있답니다. 우리나라의 구급차는 형광 노란색인데요. 밤에도 잘 보일 뿐만 아니라 친근한 이미지를 주기 때문이랍니다. 그 옆에 있는 건 산악용 특수 소방차예요. 산길은 평지보다 험하고 울퉁불퉁해서 바퀴를 크고 두껍게 만들어요. 또, 바닥이 긁히지 않도록 차의 몸통을 높게 하고요. 우리나라처럼 산과 나무가 많은 나라에서 쓸모가 아주 많아요.

소방 호스가 닿지 않을 만큼 높은 건물에 불이 났을 때는 사다리차가 함께 출동해요. 현재 우리나라에 있는 소방 사다리차 중에서 가장 높이 올라가는 건 약 70미터 정도, 그러니까 아파트라면 23~25층 높이까지 닿을 수 있어요. 사다리 끝에 바구니가 달린 굴절 사다리차를 이용하면, 건물에 들어가지 않고도 불을 끌 수 있지요. 건물 안에 갇힌 사람도 더 빠르게 구할 수 있고요.

많은 나라가 모여 있는 유럽 대륙이나 미국, 러시아처럼 땅이 넓은 나라들은 철도 교통망이 아주 잘 발달해 있어요. 그런 곳에서는 레일 위를 달리는 소방 열차가 아주 유용하지요. 소방 열차는 대개 길고 좁은 기차 터널 안에서 화재나 사고가 발생했을 때 출동한답니다.

소방 열차는 보통 철도 회사에서 운용하는데 비용이 많이 드는 것이 단점이에요. 그래서 대신 '유니목'을 이용하기도 한답니다. 유니목은 원래 메르세데스-벤츠에서 만든 대형 트럭인데, 철도와 도로 양쪽에서 모두 이용할 수 있는 차량을 일컫는 말로 흔히 쓰여요. 레일 위를 달릴 수 있도록 바퀴에 특수 장치가 달려 있어서 도로를 달리는 것보다 더 빠르게 사고 현장으로 갈 수 있어요.

공항이나 화학 공장에 화재가 발생하면 고성능 화학차가 출동해요. 기름이나 화학 약품은 물과 섞이지 않고 겉돌기 때문에 물로 끄는 게 더 위험할 수 있거든요. 그래서 고성능 화학차가 화학 약품이 섞인 거품이나 가루를 내뿜어 불을 끄지요.

눈이 자주 내리는 나라에서는 눈길에 차가 미끄러지지 않도록 바퀴에 넓은 철판 벨트를 둘러요. 겉모습만 보면 꼭 탱크 같지 않나요?

애앵애앵, 비켜 주세요!

화재 현장에는 최대한 빨리 도착할수록 좋아요. 그래야 피해를 조금이라도 더 줄일 수 있거든요. 그런데 이를 어쩌지요? 교통 체증에다 불법 주·정차한 차들로 도로와 골목 입구가 꽉 막혀 있어요!

우리나라의 각 소방 본부는 매년 꾸준히 '소방차 길 터주기' 캠페인을 벌여요. 시민들과 함께 캠페인을 진행하며 여러 위급 상황에 대비하는 훈련을 하지요. 소방차 길 터주기는 선택이 아니라 의무라는 사실을 잊지 마세요!

미국의 소방차는 앞쪽 범퍼가 툭 불거져 나와 있어요. 출동하는 길에 방해가 되는 장애물을 사정없이 밀어내는 데 쓰여요. 우리나라도 2018년부터 소방차의 진입을 방해하는 불법 주·정차 차량을 부수어도 보상을 해 주지 않기로 정했어요. 또 길을 막은 차량에 과태료를 부과하고 있답니다.

아파트나 주택가의 도로 바닥을 보면 '소방차 전용'이라고 쓰여 있는 공간이 있어요. 이 구역은 무슨 일이 있더라도 항상 비워 두어야 한답니다. 길가 곳곳에 있는 소화전 주변 5미터 이내도요! 화재가 발생했을 때 소방차의 진입을 막으면 안 되기 때문이에요. 이런 것들이 잘 지켜진다면 장애물 제거용 범퍼 같은 건 필요 없겠지요?

와, 정말 어마어마하게 크다!

직접 타 보고 싶어!

자동차 앞에 툭 튀어나온 건 뭐지?

구조팀이 건물 안에 갇힌 사람들을 구조하고 있어요. 불이 나면 건물 안의 물건들이 타면서 유독 가스가 뿜어져 나와요. 거센 불길로 출입구가 가로막히기도 하지요. 그럴 때는 사다리차를 타고 올라가 창문으로 들어간답니다.

부상이 심해서 움직일 수 없는 사람은 들것에 눕힌 다음, 굴절 사다리차의 곤돌라에 단단히 고정시켜서 아래로 내려보내요. 그러는 동안에도 다른 구조팀은 남아 있는 사람이 더 없는지 샅샅이 살펴야 해요.

함께 출동한 구급대원들은 건물 밖으로 나온 부상자들에게 응급 처치를 해요. 유독 가스를 들이마셔서 숨을 쉬지 못하는 환자는 인공호흡기를 씌운 뒤, 구급차에 태워 병원으로 이송하지요.

화재 진압팀은 불을 끄는 데 집중해요. 일단 돌돌 말려 있던 소방 호스를 풀어서 펌프차에 연결한답니다. 펌프차에 담긴 물은 최대로 쏘았을 때 5분 정도 쓸 수 있어요. 불을 끄다가 물이 부족해지면 어떡하냐고요? 뒤따라온 탱크차와 도롯가의 소화전에 호스를 연결해서 물을 끌어와야 해요.

화재 진압은 옆 건물로 불이 옮겨붙지 않도록 바깥의 불길을 정리하는 것이 매우 중요해요. 불을 끌 때는 소방관 두 명이 힘을 합쳐야 한답니다. 물이 뿜어져 나오는 소방 호스가 굉장히 무겁기 때문에 이리저리 흔들리지 않도록 붙잡아 주는 사람이 꼭 필요하거든요.

건물 밖이 얼추 정리되면, 소방관들은 산소마스크와 방호 용구를 다시 한번 꼼꼼히 점검해요. 그리고 건물 안쪽으로 조금씩 진입하지요. 불이 난 건물 안은 몹시 위험하니, 여러 상황에 대비해서 꼭 파트너와 함께 움직여야 하지요.

건물 안쪽은 시커먼 연기 때문에 앞이 잘 보이지 않아요. 바닥에 쓰러진 사람들을 찾기 위해서 열화상 카메라를 사용해야 해요.

불길이 쉽게 가라앉지 않을 때는 어떻게 하냐고요? 얼른 추가 인력의 지원을 요청해야지요. 몇 시간 동안 불길과 맞서 싸운 소방관들은 후발대가 도착하면 그동안의 상황을 정확히 전달하고 임무를 교대하지요.

건물 안에 가득 찬 유독 가스와 뜨거운 연기를 빼내기 위해 지붕을 뜯어내고 있어요. 이렇게 해 주면 건물 안에 들어간 소방관들이 훨씬 더 안전하게 작업할 수 있지요! 구조 작업을 벌일 때는 모두의 안전이 최우선이랍니다.

건물 안에서 불 끄는 작업을 할 때는 불에 탄 기둥이나 천장이 무너지지 않도록 조심, 또 조심해야 해요!

큰불이 다 잡히고 나면 구석구석을 꼼꼼히 살펴 잔불까지 확실하게 꺼야 해요. 잔불은 겉으로 잘 보이지 않지만, 잿더미 속에 숨어 있다가 바람이 휙 불면 다시 살아나기도 하거든요. 실제로 잔불 때문에 불이 되살아나는 경우가 꽤 많아요.

불에 타서 약해진 바닥의 물건을 정리하고 천장이 무너지지 않도록 안전 조치를 해요. 그 작업을 마치면 현장에서 할 일은 이제 없어요. 그럼 일이 다 끝났냐고요? 아니요! 진짜로 모든 업무가 끝나려면, 소방서로 돌아간 뒤 사용한 장비를 점검하고 정리하는 일까지 마쳐야 한답니다.

산불 화재는 예방이 최고!

건조한 계절에는 불이 나기 쉬워요. 특히 산불은 바람을 타고 무시무시하게 번져 대형 재난 사고로 이어지곤 하지요. 바람이 많이 불 때는 불을 끄는 데 몇 주씩 걸리기도 한답니다. 나무가 다 타 버린 산이 예전의 모습을 되찾는 데는 훨씬 더 오랜 시간이 필요할 거예요.

소방차 탱크에 실을 수 있는 물의 양이 많지 않아서 불을 끄다 보면 금세 부족해져요. 만약 산불이 넓게 번졌다면 소방차만으로는 한계가 있답니다.

이러다 숲이 다 사라지겠어!

저 안쪽까지 물줄기가 닿지 않아!

어, 물이 부족할 것 같은데…….

산불을 끌 때는 소방 비행기와 소방 헬기가 큰 역할을 해요. 하늘에서는 소방차가 접근할 수 없는 곳까지 물을 고루 뿌릴 수 있으니까요. 바다와 저수지, 호수 등에서 물을 퍼 올린 뒤, 산불이 퍼진 지역 위로 바쁘게 오간답니다.

아직 불길이 닿지 않는 곳에는 미리미리 산불 저지선을 만들어서 더 넓게 번지는 것을 막아요.

방화복은 소방관들의 안전을 책임지지.

흡연 금지   취사 금지

산불은 바람의 세기나 방향에 영향을 많이 받아요. 어디로 번질지 아무도 모르지요. 불길로부터 몸을 보호하기 위해 방화복과 헬멧, 고글, 마스크 착용은 필수예요.

산불이 자주 나는 계절에는 산불 감시원들이 수시로 순찰을 돌아요. 요즘에는 높은 망루뿐만 아니라, 드론과 CCTV를 활용해서 산불을 꼼꼼하게 감시한답니다. 사실 산불은 자연적인 원인보다 사람들의 부주의한 행동으로 일어나는 경우가 더 많아요. 그러니 우리 모두가 산불의 위험성을 깨닫고 미리미리 조심하는 것이 아주 중요해요.

교통사고가 났을 땐 2차 사고 조심!

소방관은 화재 현장에만 출동하냐고요? 아니에요. 도로에서 교통사고가 났을 때에도 쏜살같이 달려간답니다. 차 안에 갇힌 사람을 구조하고, 혹시라도 일어날지 모르는 화재에 대비하기 위해서지요.

어떡해! 차 안에 사람이 갇혔어.

연기가 심해. 불까지 나면 어떡하지?

현장에 도착하면 가장 먼저 라바콘을 설치해서 다른 운전자들에게 사고가 났음을 알려요. 어두운 밤이라면 안전을 위해 야광 안전 조끼를 입은 다음, 멀리서도 잘 보이도록 경고등이 달린 안전 삼각대를 설치하지요. 그래야 2차 사고를 막을 수 있어요.

그사이에 구조대원들은 사고 현장을 자세히 살피며 다친 사람을 찾아내요. 그리고 어떤 방식으로 구조를 하는 게 가장 안전할지 계획을 세운답니다.

차가 많이 찌그러져서 문이 열리지 않는다고요? 그럴 땐 금속 절단기를 사용해서 문을 자르거나 뜯어내야 해요. 차 안에 갇힌 환자는 부상당한 곳이 잘 보이지 않기 때문에 구조를 할 때 매우 조심해야 하지요. 환자를 구조한 뒤에는 구급차에 태워 곧장 병원으로 이송해요.

만약 자동차에 불이 났다면? 화학 약품을 뿌리거나 질식 소화포로 덮어서 불을 끄도록 해요. 불을 물로 끄려 하다간 더 큰 불을 일으킬지도 몰라요. 휘발유는 물과 섞이지 않거든요.

빨리빨리, 119 구급대!

앗, 놀이터에서 놀다가 다리를 다쳤다고요?
그럴 때는 당황하지 말고 119에 전화해요.
119 구급대는 환자가 있는 곳이라면
어디든 달려가 도와주니까요!

구급대원은 가장 먼저 환자의 상태를 살펴요. 아무래도 여자아이의 다리가 삐끗한 것 같지요? 이동하는 동안 더 큰 부상을 입지 않도록 부목을 대어 고정해요.

응급 처치를 한 후에는 환자를 구급차에 태워 병원으로 데려가요. 병원에 도착하면 의사에게 환자가 언제 어디서 얼만큼 다쳤는지 자세하게 설명해요. 어떤 응급 처치를 했는지도 알려 주고요. 그 뒤에는 의사와 간호사가 정성을 다해 치료해 줄 거예요!

길을 가던 아저씨가 갑자기 정신을 잃고 바닥에 쓰러졌어요. 신고를 받고 구급대원이 달려왔지요. 일단은 환자의 심장 소리를 확인해요. 어, 심장 소리가 들리지 않나 봐요. 이렇게 위급한 상황일 때는 제세동기를 사용해서 응급 처치를 해야 한답니다.

이번에는 집에 혼자 있던 임산부가 119에 구조 요청을 했어요! 아무래도 아기가 금방 태어날 것 같았나 봐요. 구급대원들이 재빠르게 응급 분만 준비를 하고 있네요. 시간이 얼마나 지났을까요? 짝짝짝! 놀랍게도 구급차 안에서 아기가 태어났어요!

험한 산도 거뜬! 산악 구조대

꽃이 예쁘게 피는 봄이나 단풍이 멋지게 드는 가을에는 산을 찾는 사람들이 많아요. 그만큼 산에서 길을 잃거나 바위 아래로 추락하는 일이 잦지요. 일단 신고 전화가 걸려 오면 산악 구조대가 출동해요.

눈이 많이 내려서 찾기 힘들 텐데······.

긴 막대기로 뭘 하는 거지?

앗, 구조견이 사람을 발견했어!

산에 눈이 많이 쌓였을 때는 냄새를 잘 맡는 산악 구조견의 도움이 필요해요. 산악 구조견이 앞장서서 길을 안내하면, 산악 구조대원들은 그 뒤를 따르면서 막대기로 눈밭을 조심스레 찔러 보지요. 혹시라도 조난자가 눈에 파묻혀 있을지도 모르니까요.

조난당한 사람을 발견하면 체온을 유지하기 위해 두꺼운 담요로 몸을 단단히 감싸 주어요. 그다음에는 들것에 조심스럽게 누이지요. 눈밭에서는 보통 스키나 스노모빌을 이용해서 들것을 옮긴답니다. 그래야 이동이 수월하거든요.

조난당한 사람을 찾으려면 깎아지른 바위 절벽은 물론, 얼어붙은 계곡을 몇 차례씩 오르내려야 할 때도 있어요. 그래서 산악 구조대원들은 다양한 계절과 상황에 맞추어 전문 훈련을 받는답니다. 조난자들은 대개 부상이 심해서 스스로 몸을 움직이지 못하는 경우가 많아요. 조난자를 어깨에 받치거나 머리에 이고 움직여야 하는 일이 많기 때문에 체력 단련을 꾸준히 해야 해요.

경사가 너무 심해서 접근하기 힘든 곳은 헬기를 이용해서 수색과 구조 작업을 펼치기도 해요. 그러자면 고소 공포증 따윈 가뿐히 이겨 내야겠죠? 그래서 구조대원은 담력과 책임감까지 갖추어야 한답니다.

바다는 내게 맡겨! 해양 구조대

해양 구조대는 바다에서 활동해요.
사람에게 일어나는 사고뿐만 아니라,
각종 재난 사고나 범죄 사건을 담당하지요.
또, 바다 오염을 감시하는 일도 한답니다.
그러기 위해선 배를 운전하는 항해술과
잠수 능력이 뛰어나야 해요.

아, 그런데 우리나라는 조금 달라요. 바다에서 일어나는 사고는 모두 '해양 경찰청'에서 담당하거든요. 그러니까 우리나라 소방관은 땅위에서 일어나는 사고만 맡고 있어요. 구조를 요청할 때 헷갈리겠다고요? 걱정 말아요. 예전에는 신고 전화가 서로 달랐지만, 지금은 하나로 통합되어서 무조건 119로 전화하면 돼요.

> 헉, 배에 불이 났어! 어떡하지?

> 바다에서 난 사고도 모두 119에 신고하면 된대.

> 사람들을 얼른 구해야 할 텐데……

배에 불이 나면 물대포가 달린 '소방용 선박'이 출동해요. 소방용 선박은 바닷물을 곧장 끌어 올려 사용하기 때문에 땅에서와 달리 물 걱정은 하지 않아도 되지요. 그렇다고 마구 쏘아 대다가는 물이 배 안에 고여서 무거워진 나머지 뒤집힐 수도 있답니다. 그러니 물을 계속 빼 가면서 불을 꺼야 해요!

승객들이 비상용 구명보트에 옮겨 탈 수 있도록 안내하고 있어요. 배가 가라앉을 것 같은 위급 상황에는 어떻게 하냐고요? 그땐 헬기가 출동해서 구조 작업을 도와요.

배가 가라앉고 있네요. 배 안에 미처 빠져나오지 못하고 갇혀 있는 사람이 있을지도 몰라요. 이때는 특수 훈련을 받은 잠수 요원이 나선답니다.

피서 철인가 봐요. 해수욕장에 망루가 세워져 있네요. 수상 안전 요원들이 망루 위에서 주변을 쉴 새 없이 살펴요. 또, 바닷가를 돌며 해변과 먼바다의 상황을 수시로 살피기도 하지요. 그러다가 혹시라도 물에 빠진 사람을 발견하면 곧장 구조에 나선답니다.

물난리가 났을 땐 재난 구조대

이런, 비가 많이 와서 강과 하천이 넘쳤어요!
자동차와 건물이 물에 잠기고 있네요.
어, 집 안까지 물이 밀려 들어와요.
온 도시가 순식간에 아수라장이 되었답니다.
집 안에 있던 사람들은 오도 가도 못한 채
갇혀 버렸고요. 이럴 때는 재난 구조대가
출동을 해야 해요!

길 위로 넘친 물 때문에 걸을 수가 없어요. 그럴 땐 보트를 타는 편이 훨씬 빨라요. 구조대원들이 확성기로 보트가 이동할 방향을 계속 알려 주지요. 이렇게 큰 재해가 생기면 소방대만으로는 일손이 부족해요. 그래서 시민들 스스로 자원봉사에 나서서 구조 작업을 돕는답니다.

물이 높게 차오르면 압력 때문에 자동차 문이 열리지 않아요. 그러면 차에 타고 있던 사람들이 갇히게 되지요. 이들을 구해 내서 안전한 곳으로 대피시키는 것도 구조대원의 몫이랍니다.

사람들을 모두 구하고 난 뒤엔 상황을 수습해야 해요. 벽 쪽에 모래주머니를 쌓아서 집과 가게 안으로 물이 더 이상 흘러 들어가지 않도록 막아요.

시간이 지나 물이 어느 정도 빠지면, 펌프를 이용해서 남은 물을 모두 빨아들여요. 물이 다 빠지고 난 뒤의 거리는 몹시 지저분할 수밖에 없어요. 온갖 오물과 진흙으로 뒤덮여 있을 뿐 아니라 부서진 물건들이 여기저기 흩어져 있으니까요. 우선 큰 물건들을 치운 다음, 소방펌프와 방수총으로 물을 강하게 뿜어 더러워진 길과 도로를 정리한답니다.

24시간 대기! 공항 구조대

음, 공항에 불이 났다고요?
공항은 화재나 안전사고를 책임지는
공항 소방대가 따로 있어요.
공항에서는 보통의 화재 현장과는
조금 다른 대처가 필요하답니다.

수많은 사람과 비행기가 오가는 공항에서 화재가 발생하게 되면 생각보다 큰 피해로 이어질 수 있어요. 그래서 가능한 한 신고를 받은 뒤 3분 안에 출동을 하지요.

비행기에 타고 있는 사람들은 어떡해?

화학 약품을 쏘는 소방차가 출동했어!

비행기 화재는 대부분 엔진에서 시작되어요. 엔진은 비행기 날개 아래쪽에 달려 있고, 날개의 빈 공간에는 연료가 저장되어 있답니다. 그러니까 비행기에서 불이 나면 연료통으로 금세 옮겨붙어서 큰 폭발로 이어질 가능성이 아주 높은 셈이지요. 그만큼 공항 소방대의 신속한 대응이 중요해요.

비행기 바깥에서만 불을 끌 때는 특수 소재로 만든 방열복을 입고 출동해요. 뜨거운 열기를 막는 데는 방화복보다 방열복이 더 효과적이거든요. 음, 우주복하고 매우 비슷하게 생겼지요?

불이 난 비행기 안에 승객이 타고 있을 때는 어떻게 하냐고요? 일단 비상 탈출 슬라이드를 편 다음, 승무원과 함께 승객들의 탈출을 도와요. 승객들이 가능한 한 비행기에서 멀리 떨어진 곳으로 이동하도록 안내한답니다.

크든 작든 일단 화재가 발생했을 때는 비행기 안에 들어가 위험 요소가 없는지 꼼꼼히 확인해야 해요. 무엇보다 불안해하는 승객들이 안심할 수 있도록 해 주어야겠지요.

냄새만으로 생존자를 찾을 수 있다고?

수색 명령을 받은 탐지견은 무너진 건물 더미 위를 돌아다니면서 꼼꼼히 냄새를 맡아요. 그러다가 뭔가를 발견하면 크게 짖어 구조대원에게 신호를 보내지요. 구조대원들은 탐지견이 멈춰선 돌무더기 아래에 마이크를 넣어 생존자가 있는지 소리로 확인해요.

크레인이나 포클레인 같은 중장비로 바닥에 쌓인 돌무더기를 하나씩 치워요. 다른 것들이 무너지지 않도록 아주 조심해야 해요!

와, 무사히 구출!

탐지견은 아무나 할 수 있는 게 아니야.

잔해 속에 파묻혀 있던 환자를 구출한 뒤에는 몸이 흔들리지 않도록 들것에 먼저 고정시켜요. 그다음에 조심히 옮긴 후, 곧장 응급 처치를 해야 해요.

구조대에서 일하는 탐지견이 되려면 특수 훈련 과정을 거쳐야 해요. 여러 후보 중에서 특별히 날렵하고 튼튼한 개가 뽑히게 되지요. 무엇보다 사람과의 친화력이 좋아야 탐지견으로 선발될 수 있답니다. 탐지견으로 뽑히면 대원과 1:1로 짝을 이루어 함께 훈련을 받기도 하고 현장에 출동하기도 해요.

바다의 재앙, 기름 유출 사고

기름 유출은 흔히 일어나는 사고는 아니에요. 하지만 한번 발생하면 피해 규모가 무척 크지요. 오랫동안 바다의 생태계와 어민들의 생활에 큰 재앙이 되거든요. 피해를 조금이라도 줄이기 위해서는 발빠르게 방제 작업을 해야 해요.

석유를 운반하던 유조선이 암초에 부딪혀 배 아래쪽이 쩍 갈라졌어요. 그 틈으로 기름이 콸콸 쏟아져 나오네요! 이를 어쩌지요?

바다가 온통 새카매졌어!

바다 위의 저 기다란 튜브는 대체 뭘까?

깨끗한 바다로 되돌리려면 우리도 도와야 해!

일단 기름이 더 번지지 못하도록 부표를 이어서 기다란 울타리를 쳐요. 이것을 '오일펜스'라고 부른답니다.

바다로 번진 기름이 파도와 바람에 쓸려 해안까지 밀려왔어요. 땅속으로 깊게 스며들기 전에 얼른 걷어 내야 해요. 소방관과 군인, 자원봉사자들이 한마음으로 힘을 합쳐 바닷가 곳곳에서 기름띠 제거 작업을 벌여요. 2007년에 우리나라 태안에서도 이런 비극이 있었지요? 그때 모두 힘을 모은 덕분에 10년이 걸릴 거라고 예상했던 청소 작업이 불과 몇 달 만에 끝났답니다.

기름을 뒤집어쓴 동물들을 구하는 것도 잊어선 안 돼요. 끈적한 기름은 동물의 폐로 들어가 호흡을 막아 버리거든요. 또 날개에 들러붙어 날아오르지 못하게 만들지요.

오일펜스를 쳐서 기름을 가둔 뒤 방수포를 덮어서 흡수시켜요.

위급 상황에선 119에 신고 먼저!

소방관이 하는 일은 무지무지 많아요. 사람뿐 아니라 동물의 생명까지 책임지거든요. 사람에게 위협이 되는 야생 동물을 잡기도 하고, 위험에 처한 동물들을 구조해서 안전한 곳으로 보내기도 한답니다.

우리나라는 인명이나 재산에 피해를 주는 긴급 상황에만 119가 출동하도록 정해져 있어요. 애완동물과 유기 동물 구조는 담당 기관이 따로 있으니까, 신고하기 전에 어떤 상황인지 잘 판단해야 해요.

나비야, 얼른 내려와!

동물 구조 신고는 119가 아니라 구청이나 동물 보호 센터로 연락해야 돼.

위험한 야생 동물이 도시 한복판에 나타나거나 각종 시설을 망가뜨릴 때는 소방관이 나서요. 사람에게 위협이 될 수 있으니까요. 다른 쪽으로 도망가지 못하도록 길을 막아 한곳으로 몬 뒤, 그물망과 올가미로 사로잡아요. 그 후에는 동물 보호소로 데려간답니다.

아주 가끔은 동물원에서 탈출한 맹수를 잡아야 할 때도 있어요. 우리나라에서도 몇 차례 있었던 일이에요. 주변 거주자들에게 긴급 재난 문자를 발송할 만큼 위급 상황이지요. 대개는 동물에게 마취총을 쏘아 잠들게 해요.

독을 가지고 있는 뱀이나 말벌 등을 발견했을 때는 반드시 119에 전화해야 해요. 보호 장비 없이 함부로 잡으려 했다가는 도리어 큰일이 날 수도 있거든요. 보호 장비로 무장한 구조대원들이 출동해서 마취총과 마취약으로 안전하게 뱀과 벌을 없애 줄 거예요. 특히 우리나라는 성묘 철이 되면 조상의 산소에 벌초를 하러 갔다가 말벌 떼와 맞닥뜨리는 경우가 많아요. 말벌 통을 잘못 건드렸다가 생명이 위독해지는 상황이 벌어질 수도 있으니 전문가에게 도움을 청하는 것이 가장 좋아요.

Photo Credits

7쪽 Seringues à eau ⓒ DR, Pompe à bras, 1678 ⓒ Akg/Science Photo Library, Pompe à bras surchariot ⓒ Ateliers de France, Pompe à vapeur, 1909 ⓒ Rue-des-Archives/Mary Evans | 8-9쪽 Apprentis jeunes sapeurs-pompiers ⓒ P. Forget/Sagaphoto 10쪽 서울시 소방 펌프차 ⓒ Dennis/Flickr | 11쪽 Entraînement à la caserne ⓒ P. Forget/Sagaphoto, 초고층 건물 훈련 ⓒ 경기도소방재난본부, Exercice sur la Tour Eiffel ⓒ F. Halftermeyer/BSPP | 12쪽 Réunion caserne ⓒ P. Forget/Sagaphoto, Entraînements sportifs ⓒ P. Forget/Sagaphoto | 13쪽 Formation ⓒ P. Forget/Sagaphoto 굴절차 조작 훈련 ⓒ 인천남동소방서 | 14쪽 Alerte ⓒ P. Forget/Sagaphoto, 18/112 ⓒ Fotolia | 15쪽 Rampe ⓒ P. Forget/Sagaphoto, Départ de camion ⓒ P. Forget/Sagaphoto, Sirène et gyrophare ⓒ Fotolia, Conducteur ⓒ Fotolia | 16쪽 소방차 출동 ⓒ Noah Diaz/Flickr | 17쪽 경량 소방차 ⓒ Dennis/Flickr, Fourgon ouvert ⓒ Fotolia, Pompiers près du fourgon pompe-tonne ⓒ P. Forget/Sagaphoto | 18쪽 구급차 ⓒ Hyolee2/Wikimediacommons, véhicule feu de forêt ⓒ Jackin/Fotolia, 서울시 소방 트럭 ⓒ Charlee955/Flickr | 19쪽 Fourgon pompe-tonne sur rail ⓒ Sagaphoto(Left)/C. Zaglia(Right), 무인 파괴 방수 탑차 ⓒ 부산광역시소방재난본부, Véhicule à chenilles ⓒ P. Forget/Sagaphoto | 20-21쪽 소방차 길 터주기 ⓒ 인천남동소방서, Camion américain ⓒ J. Thompson/Fotolia | 22-23쪽 Grande échelle ⓒ P. Forget/Sagaphoto, Intervention par la fenêtre ⓒ DigiArt/Fotolia, 소화전 ⓒ 공공누리, Raccordement tuyaux ⓒ P. Forget/Sagaphoto | 24쪽 군포 페인트 공장 화재 ⓒ 경기도소방재난본부, Photos ⓒ Sagaphoto | 25쪽 Intervention par le toit ⓒ Fotolia, Pompiers de Paris(en haut à droite) ⓒ P. Burner/BSPP, Brigade de déblaiement ⓒ P. Forget/Sagaphoto, Retour caserne ⓒ Sagaphoto | 26쪽 Forêt brûlée ⓒ Lunamarina/Fotolia | 27쪽 화성 반도체 세척 공장 화재 ⓒ 경기도소방재난본부, 소방 헬기 ⓒ 부산광역시소방재난본부, Tranchée pare-feu ⓒ Ferreira/Corbis, Équipement ⓒ P. Forget/Sagaphoto, 금지 표지판 ⓒ Wikimediacommons, Tour de guet ⓒ Lamax/Fotolia | 28